뒷북을 쳤다

김양아 시집

문학의전당 시인선
225

뒷북을 쳤다

김양아 시집

문학의전당

시인의 말

늘 뒷북이다.
내 서툰 언어의 가장 든든했던 응원자
엄마, 언젠가 시집 엮어 내밀겠다고 약속했는데
다시 한 번 뒷북을 친다.

벚꽃잎 눈발 날리는 봄날
지독한 농담처럼 훌훌 떠나간 당신께
오래 뜸 들였던 소박한 밥상 하나 바친다.

그리고 내게 와주었던 모든 인연들
기꺼이 내 詩의 행간에 녹아들었던 그들에게
감사를 보내며
첫 시집의 설렘을 나누고 싶다.

2016년 5월
김양아

차례

시인의 말

제1부

두부 한 모　13
위험한 집　14
고속터미널　16
압축 팩　18
포스트잇　20
뒷북　22
연밥 샤워기　23
사과의 내부　24
시간의 집　26
돌담　28
도시의 폐선　30
나무의 베개　31
빈병　32
한 칸의 폐허　34
먼 여름밤　36

제2부

빗방울 꽃　39
애견보관함　40
신종 고드름　42
미완의 봄　44
허공의 건축법　46
X　48
매듭　50
개미떼의 속도　52
찰나의 봄　54
안개와 접속하다　56
눈동자　58
이름　60
검은 눈물　62
마음약방　64
휴(休)　66

제3부

후박나무를 받아 적다   69
나이테를 풀다   70
안경점 스냅   72
벽장의 시간   74
창   76
부레옥잠을 띄우다   78
낯선 풍경   80
담벼락 장터   82
마트에 핀 꽃   84
말리다   86
커피자판기   88
손의 기억   90
눈 내린 새벽   92
모카신   94

제4부

문 혹은 벽　97
설악(雪岳)　98
포구 바닥　100
두 얼굴의 봄　102
어깨를 빌리다　104
그네의 내력　106
어느 봄날에　108
가을볕　109
종이의 나라　110
조개　112
목요통신　114
위험한 자물쇠　116
흔적　118
안녕, 낯선 사람　120

해설 | 망설임의 시적 가치; 주체의 존재 확립을 위하여　121
| 백인덕(시인)

제1부

두부 한 모

갓 나온 따끈한 두부가 입맛을 당긴다
두부는 말랑하게 살아 있다

도마 위에 얹힌 두부 한 모
봉지에 담겨 올 때의 출렁임은 멎은 채
조용하게 처분을 기다리고 있다
연한 것에 칼집을 내는 일은 막막하다
삶은 대체로 그랬다
내 몫으로 주어진 무언가를
깨지지 않게 조심해서 완성해야 했다

오늘도 내 앞에 덩그맣게 놓인 과제는
선택과 결정을 요구한다
넓적하게 잘라 지지거나 조려야 할지
작게 썰어 찌개에 넣고 끓일지

사소한 두부 한 덩이를 내려다보면서
나는 또 잠시 망설이고 있다

위험한 집

저 한 잔의 집
추락하는 순간, 누군가 칼을 들고 다가오거나
포일에 싸서 불 속으로 던질 수도 있다

얇은 봉지 하나가 그를 죽일 수도 있었다
검다는 것, 외부를 차단하는 힘으로
살의(殺意)를 감출 수가 있었다
무슨 마음으로 음흉한 손을 풀었을까

어둠에 길들여진 눈은 자줏빛이다
목이 풀린 새순들 싱싱한 공기에 혀를 댄다 고인 말이 터져나
온다
간절한 집중,

물컵에 얹어 부엌 창가로 이동한 고구마 하나,
행간을 건너는
저 여생을 정독한다

메마른 글씨체가 촉촉해지더니 푸른 문장이 늘어난다
한 발 한 발 보이지 않는 허공의 사다리를 타고 오른다
주저앉을 때마다 조금씩 혀만 적시더니
넝쿨을 뻗어 휘청거리며 마디를 잇는다

조금씩 허물어지는 몸뚱이
그 안에 품은 얼마의 시간
온몸으로 단문의 문장을 쥐어짠다
흙 한 줌 없는 저곳
목숨으로 기록한 필체가 불안하다

고속터미널

달려온 사투리가 우르르 쏟아진다
120km의 속도로 끌려온 길들이 도착하는 순간
안도의 숨을 내쉬는 부산, 여수, 광양, 청주
길에 문신을 새긴 바퀴들 네 개의 발로 중심을 잡고
그 흔적을 좇아 이곳까지 달려왔다
끌고 온 길을 풀어 다시 이어붙이는 바퀴들로
길은 한시도 잠들지 못한다

번잡한 발길이 잦아드는 밤에도
터미널 상가의 꽃 도매시장에 향기가 몰려들고
의류도매상 보따리들이 새벽을 나른다
노선이 모여 사는 이곳이
길의 중심이다

쉬지 않고 돌아가는 고속터미널 군데군데
정지화면으로 멈춰 있는 풍경들,
버스 차창 너머 애틋한 이별 혹은 설레는 만남이
카운트다운을 하고 있다

정확하게 초를 다투는 출발은
어떠한 변명도 기다려주지 않는다
주변의 패스트푸드점이나 간편한 음식점은 만원이다
급하게 김밥으로 끼니를 때운 한 사내가
쫓기듯 장착된 속도에 올라탄다

압축 팩

잡다한 일상을 밀어 넣었다
며칠째 미루었던 짐 싸기
속도가 붙자 압축 팩 속으로 빨려 들어간다
납작하게 밀폐된 옷가지와 이불
순식간에 허물어진 간격들이 커다란 가방을 채웠다

눌린 부피만큼 되돌아오는 무게를 끌고
도착한 그곳, 기숙사 동백꽃 울타리 속에
한꺼번에 챙겨온 사계절을 푸는 동안
학교 정문 앞 긴 잠에서 눈뜬 벚꽃이 하얗게 부풀어 오른다

눈길 닿는 곳마다
밀봉된 봄이 환한 꽃으로 터져 나오는 시간,
압축에서 풀린 나무들
봄볕을 접목하고 끊어진 그늘을 잇느라 소란하다

아이를 맡기고 혼자 돌아서는 길
부풀어 커지는 빈자리

이것들은 생략하거나 압축해야 한다

물기 차오르는 마음을
꾹 누른다

포스트잇

머릿속 날씨는 또 안개주의보
실내연습장 끊임없이 튀어나오는 공처럼
솟아오르던 단어들이 작동기능을 잃었다, 침잠이다

군데군데 빠져나간 기억의 퍼즐
간신히 더듬어 메모지에 깨알같이 적어 넣는다
붙잡힌 기억조각 그 노란 날개들이
냉장고 문을 여닫을 때마다
다시 멀리 날아갈 듯 팔락거린다

망각의 벽면을 다닥다닥 메운 포스트잇
빠짐없이 적어놓은 장보기 품목을 깜박 남겨둔 채
마트로 향하는 내 건망증이 또 한 겹 포개진다

딱지모양으로 접어 전하던 쪽지 대신
종이 커피 컵에 붙여 건네는 포스트잇
건조한 일상의 갈피에서
부드러운 이음새가 되어주는 그들

혼적 없이 붙였다 떼어지는
깔끔한 접착력으로 어디든 쉽게 날아가 앉는다

시간이 엇갈려 마주하지 못한 아침 식탁
남겨놓은 메모에 이모티콘이 익살스럽게 웃고 있다

뒷북

뚝 앞다리가 꺾였다
방심이 털썩 걸터앉는 순간
엉덩이를 바닥으로 내동댕이쳤다
내가 내지른 비명 소리에 그의 비명은 묻혀버렸다

늘상 몸을 맡겼던 식탁의자
그토록 태연하던 그가 뒷북을 쳤다
제 몸에 보이지 않게 실금을 그으며
어느 날의 반란을 키우고 있었다
그의 능청스러운 음모에 앉아 밥을 먹고 차를 마시는 동안
이 지긋지긋한 무게를 언제 던져버릴까 궁리하고 있었다
그가 서서히 무너지는 동안
삐걱대는 통증을 깔고 앉아 나는 미각을 즐겼다

제 다리를 부러뜨리지 않고는 길이 없다는 것을 알고
내 뒤통수를 힘껏 후려쳤다
자해였다

연밥 샤워기

겨울바람 소리 빼곡한 관곡지 뻘밭
꼿꼿하게 서서 깊은 잠에 빠진 겨울 연꽃들
살얼음에 고개가 꺾였다
빗방울에 살이 올라
빗속에서 더 밝게 빛나던 등불들, 어느 틈에 다 꺼졌다

둥글게 에워싼 꽃잎으로 환하게 불 켜든 씨방
철이 지고 씨앗이 빠져나간 자리,
칸칸 빈집이다

욕실에 걸린 샤워기
캄캄한 구멍 속에 박혀 있던 침묵의 알갱이가 쏟아진다
연밭을 흔들던 바람과
이곳까지 흘러온 강줄기가 세차게 흐른다

긴 쇠줄 끝에 매달린 연꽃 씨방
고운 빛 다 사위고 희끗한 갈빛으로
서걱거리던 들판의 아득한 시간들이 흩어진다

사과의 내부

분양된 햇볕 알알이 들어앉은
빨간 사과 그 탐스러운 빛깔은 치명적이다
세속의 눈을 열어준 금단의 열매
유혹 한입 베어 무는 순간 허물어진 그녀
달콤함 뒤에 감춰진 쓴맛을 보기도 했다

붉은 길이 굽이굽이 풀리고 있다
빈틈없이 감싼
껍질의 길이는 얼마나 될까
둥글게 말리는 사과의 옷
영글었던 시간이 사각사각 해체되고
새콤달콤 향기를 풀어 헤친다

막상 뚜껑을 열어보면
다른 빛깔을 지니고 있는 그녀
그 아름다운 붉음도 속 깊이 스미지 못했다

제 살 속속들이 내어주고

눈빛 초롱한 씨앗 품은 씨방만 놓여 있다

감겨진 햇살 다 풀어낸

빈 실패 하나 야윈 뼈로 남았다

시간의 집

그곳엔 시간이 입주해 있다
오늘이라는 하루
바늘이 짚어가는 숫자대로 태어난 시간이 낡아간다

자정, 오늘과 내일이 겹치는 순간
어제가 빠져나가고 또 다른 오늘이 들어선다

고요를 깨는 초침 소리가 들리지 않는다
영혼이 빠져나간 빈집
배터리를 갈아 끼우자 벽에 걸린 시계
다시 일정한 보폭으로 숨소리가 살아난다

시계 읽기를 시작하면서 나는
시간의 아바타가 되었다
일어나서 잠들 때까지 그는 나를 조종한다
오래 길들여졌지만
그의 마음에 맞추려고 늘 허둥거린다

거울 반대편에 비치는 거꾸로 가는 시계
바늘이 뒷걸음질 치고 있다
내 안을 수시로 드나들던 과거와 현재
뒤엉킨 시간들이 자주 삐걱대더니 자전의 궤도를 벗어났다
갈아 끼울 수 없는 시계
나는 지금 방전되고 있는 중이다

돌담

담을 쌓으며 살았다
보여주기 싫어서 혹은 보고 싶지 않아서,
벽이 높아질수록
한 치의 틈도 허용되지 않았다

그곳의 돌담은 얼기설기
바람에게 길을 내어주고 있다
이곳과 저곳을 구분하는 경계일 뿐
마당이 훤히 들여다보이는
키 낮은 돌담 사이로 파도 소리가 드나들었다

온몸에 숱한 구멍이 뚫리는 동안
얼마나 많은 시련을 견디며 상처를 받아들였을까
제자리에서 묵묵히 오랜 시간을 건너온
삶들이 느슨한 돌담으로 얽혀 있다
한 움큼의 두통약을 털어 넣고 물질을 나서는
늙은 해녀의 뼈에도 숭숭 구멍이 뚫려 있을 것이다

감귤나무 둘러 안은 담장부터
옥빛 바다 끝자락을 감고 있는 바위까지
저 숨 쉬는 돌들이 강강술래를 돌고 있다
밭과 밭 사이 굽이굽이 이어진 흑룡만리
날아가는 씨앗을 주저앉히고 짐승 발자국을 막아낸다
비바람에 더욱 선명해지는 돌담 띠가
태풍의 길목 제주를 단단히 여미고 있다

도시의 폐선

지하도 구겨진 계단 한 켠,
한 덩어리 잠이 웅크리고 있다
유통기한이 지난 그늘의 냄새가 바닥에 고여 있다

물과 뭍의 경계에 매여 있는 낡은 배 한 척
바람에 삐걱거린다
먼 바다로 미끄러져 나가
뱃전 가득 싱싱한 하루를 채워오던 시간들
세상 밖으로 밀려난 그에게
삶이란 아득히 가물거리는 수평선이다

선적(船籍)에서 없애버린 폐선처럼
가족들 사이에서도 지워진

출항의 꿈 증발해버리고 삭아가는 몸
곧 풀릴 듯 아슬한 끈에 묶여 적막으로 누워 있다
환한 대낮을 피해 빠져든 잠 속
희미한 소음들이 귓전 가득 파도 소리로 부서진다

나무의 베개

가지를 베고 누웠던 벚꽃
하얗게 눈부신 잠
하르르 흩어지고
꽃받침만 별자리처럼 박혀 있다
저것은 벚꽃들의 베개
젖니 빠진 흔적처럼 바알갛던
꽃잎 떠난 잠자리
어느 틈에 지워지고
연둣빛 바람 무성하게 흔들린다
여린 것들 뒤척이게 하던 바람
낮잠 한 숨 내려놓는 오후
늘 서서 잠이 드는 나무
잔잔한 이파리 이부자리 펼치고
곤한 잠에 빠져든다
바람도 깜빡 잠이 든
미동도 없는 한낮이 고요하다

빈병

희끗해진 그들 시간을 거슬러 둘러앉았다
방울 소리가 들리는 저녁
한 귀퉁이에서 꺼낸 술병에 별이 떨어지고*
낡은 기억의 벽이 허물어진다

처음 목마의 귀를 잡고 빙빙 돌았던
그 시간은 어느새 흘러가고
가슴에 품었던 그 별마저도 차갑게 식어버렸다
이제 술병을 붙잡고 사내들은
어지럽게 나름의 쳇바퀴를 돌리고 있다

어두운 골목에 울리던 휘파람
낮은 음계로 병목을 새어 나온다
울컥 속을 쏟아낸 빈병들
희뿌연 불빛 아래 이마를 맞대고 있다

밤늦도록 꺼내놓은 말들이 흥건한
빈병에 날아간 시간들이

유리문 너머 진눈깨비처럼 내려앉는다

튕겨나간 뚜껑의 행방은 알 수 없다
비로소 숨을 쉬는 밀실,
제 안을 채운 것으로 살았던 날들이
단숨에 빠져나간 입구가 휑하다

---

*박인환, 「목마와 숙녀」에서 인용.

한 칸의 폐허

시간이 멈춰버렸다
재개발로 들떠 있던 낡은 아파트
무슨 오류가 생겼는지 그대로 방치된 채
조금씩 주저앉는다
흉한 몰골을 훑고 가는 바람에도 녹이 슨다

한때는 불빛 환하게 채워진 공간을
미처 떠나지 못한 사연들
깨진 창문 너머 건조대의 빨래로 늘어져 있다

여기저기 깊어가는 상처 틈새로
바람결에 날아든 풀씨들
헝클어진 잡풀로 여름내 소문이 무성했다
버려진 것들끼리 수런대는
그늘 속으로 슬그머니 그림자들이 숨어들고
외면당한 어둠이 서식하고 있다

화면 속 고발 카메라에 포착된

또 한 칸의 폐허
가출의 흔적이 어지럽게 널려 있다

먼 여름밤

그리운 것들은 모두 저편에 있다

늦도록 놀다가 부르는 소리에
어스름 골목길 서둘러 달려갈 때
내 뒤를 따라오던 운동화 발자국

둥글게 둘러앉아
단물 가득한 수박 한 덩이 베어 먹고
평상에 누우면 쏟아지던 밤하늘
머리맡 여름 별자리 가물거린다

앞마당 분꽃 환하게 웃던 밤
봉숭아 꽃물 들다 깜박 잠든 사이
아득하게 멀어진 그 여름날

시간에 떠밀려 너무 멀리 왔다

제2부

빗방울 꽃

허공을 긋던 빗금들
잔 나뭇가지에 촘촘히 걸렸다
그 사선들은 이응으로 바뀌고
더도 말고 딱 그만큼의 무게로
몸을 말고 버티고 있다

온몸으로 아슬하게 견디는 일은
터질 듯 팽팽한 긴장,
놓치는 순간 추락이다

창에 부딪는 물방울들 서로 엉겨 허물어지듯
제 고리를 풀어 바닥에 얼룩진다
후두둑 낙하하는 위태로운 빗방울들
잔뜩 웅크린 볼록렌즈로 비 개인 오후를 읽는다

한 줄기 바람에 사라져버릴
저 무수한 물방울들
잠깐 피는 꽃인 양 나뭇가지에 맺혀 있다

애견보관함

투명한 유리벽에 갇힌 불안한 눈빛과 마주친 적 있다
동네 입구 애견센터
요란하게 짖다가 수그러들던 외침이 오래 윙윙거렸다
보호라는 구실은 맹목적이고 일방적이다
개의 울음엔 반대의 생각이 들어 있다
네 개의 다리는 질주의 본능을 숨기지 않는다

고스란히,
통째라는 말은 보관의 첫머리이지만
꼬리를 따라가면 흔들리는 기분이 걸려 있다
울음까지 맡아주는 애견보관함
등 뒤에 남겨놓고 휴가를 떠나는 사람은
냄새와 소란에서 해방된다 지불한 대가만큼
즐거움은 길어지거나 줄어든다

누군가 대신 그것을 처리해준다는 안도감에
잠시 애견의 이름마저 생각나지 않을 것이다 그러나,
누구도 손바닥을 핥거나 달려와 엉덩이를 흔들어주지 않는다

이 허전함은 무엇일까
그때 검은 눈망울이 생각나고 파도에 지친 몸을 끌고
사료가 쌓인 집으로 되돌아올 것이다

위탁이라는 이름으로 포장된 바깥으로 채워진 문

낯선 곳, 차가운 보관함 속에
어쩔 수 없이 밀어 넣은 통증이 들어 있다

신종 고드름

신종이다
면역성도 키우기 전에 들이닥친, 육중하고 사나운
저것은 공룡의 이빨
피를 보고야 마는 살기(殺氣)가 백주에 드러났다

흐르던 시간이 한곳에 집중했다
매섭게 몰아치던 바람에
지붕의 골을 타고 미끄러지던 물과 바람의 시간
뱅그르르 처마 끝에서
천천히 흐르던 시간 위에 업힌,
업힌 시간 위에 또 업힌

투명한 혈관이 들여다보이는
단단한 물의 이빨이 햇살에 흔들린다

도심의 고층건물 옥상 끝에
겨울의 송곳니처럼 자란 대형 고드름 오가는 행인을 겨냥한다
방심의 틈으로 쿵, 떨어져 내린다

도로에 흩어지는 얼음폭탄, 119 대원이 투입되고 물의 뿌리가 뽑힌다
　진보하는 도시를 따라
　자꾸 높아지고 거대하게 변해가는 공룡의 도시

　흐름에 밀려
　동요 속, 수정고드름도 차츰 아득해진다

미완의 봄

너의 우울한 스물다섯의 봄이 시작되었다
네가 내민 이력서는 파지로 버려지고
쉴 새 없이 구직사이트를 뒤지는 동안
너의 꿈은 조금씩 퇴색해 간다
밤늦도록 멀미나게 자소설을 엮어내고
번번이 맛본 낙방으로 위축된 어깨
언제 가볍게 날아오를 수 있을까

나름의 개성을 지우고
취직이라는 틀에 점점 고정되어가는 날들,
콧날을 높이고 키를 보태려고 하이힐을 준비한다

미처 당도하지 않은 봄날
꽃샘추위에 맞서 단단해지는 시간
개화기는 멀기만 하다

면접용 정장을 차려 입고 집을 나서는 길,
뿌옇게 하늘을 뒤덮은 미세먼지에도

환하게 웃고 있는 너에게 손을 흔들어준다
끝이 보이지 않는 터널로 들어서는 뒷모습을
묵묵히 지켜보는 난감한 계절

남쪽의 꽃소식에 귀를 열어보지만
이곳으로 오는 봄의 소리는 들리지 않는다
몇 개의 면접을 거치는 동안
꽃들은 이미 파장을 하고 좁은 틈으로 빠져나가는
취업의 문도 조금씩 닫히고 있다

허공의 건축법

저 볼록한 꽁무니
얼마나 많은 자재가 들어 있을까
지금 터를 재는 뒷발은 가장 예리한 연장
허공에 집을 세우는 거미
누대를 이어온 피의 습성대로 집의 설계도를 알고 있다
보이지 않는 밑그림을 찾아
한 치의 오차 없이 틀을 맞춰나간다

외곽부터 완성되는
건축법은 중심을 향해 간다
중앙에 마침표를 찍는 것은 문패를 다는 일

타고난 건축가,
건너편 참나무와 상수리나무에 주춧돌을 놓고
그의 공사는 진행 중이다

바람의 무게도 싣지 않는 가벼운 건축법을 생각한다

땅 밑에서 하늘을 올려다보며
변하지 않는 저 장인의 솜씨에 대해
무너져 내린 아파트와 다리에 대해

X

덜컹이는 창,
X자 모양으로 혹은
눈꽃무늬로 테이프가 부적인 양 붙여졌다
꼭꼭 입을 다문 창문들
이 유리도시의 고층은 태풍과 천적이다
밀폐된 공간 속에서 불안은 팽창 중이다

재개발지역 담벼락에
붉은 페인트로 적힌 X자를 본 적이 있다
출 입 금 지
X라는 표시는 단호했으므로
아무도 그곳에 들어가지 못했다

저 X자를 보고 바람은 되돌아갈까
지금 이 도시로 몰려오는 강풍을
수많은 X자로 밀어내는 유리창들
기습적인 바람 앞에 파열음을 내던 기억이 남아 있다

지금은 바람의 계절,

기상캐스터는 초를 다투며 달려오는 바람의 풍속과 이동경로를 체크한다

그 누구도 바람을 늦추거나 바람의 머리를 돌릴 수는 없을 것이다

X자를 매달고서도 흔들리는 유리창들

젖은 신문지를 등에 업고 바람과 대치중이다

매듭

묶고 풀며 매듭짓는 일에 골몰했던 날들
먼 길 모퉁이마다 힘주어 삶을 엮는 동안
손가락 마디에 맺힌
굵은 매듭들 쉽게 풀 수 없게 헝클어져 뭉쳐졌다

예고 없이 찾아온 손의 통증
몸이 레드카드를 불쑥 들이민다
재활치료과 신경과를 오가는 각종 검사는
손이 치러온 시간을 추적했다

시나브로 얽힌 시간들
한때 세 송이의 꽃을 피워 가꿔낸
멋대로 엉킨 이 난감한 매듭은
스스로 묶었지만 혼자 풀 수 없다

병원 입구, 벚나무의 두 팔에 매인 현수막
팽팽하게 잡아당기던 꽃샘바람이
숭숭 뚫린 엉성한 뼈를 통과한다

햇살이 주차된 병원 앞마당
잔뜩 웅크렸던 계절이 여물게 뭉친
꽃 매듭을 스르르 풀고 있다

개미떼의 속도

거북이 등짝 같은 가방 하나
지열 후끈한 땅에 납작하게 엎드렸다
여름 한낮의 땡볕 아래 아이의 호기심이
자동차 바닥 그늘에 숨은 고양이를 부른다

쪼그려 앉아 들여다볼 일이 많았던 그때,
구름은 느리게 흘러갔다
과자 부스러기를 물고 가는 개미떼의 속도로
한나절을 보내기도 하고
풀밭에 무리 지은 토끼풀로 하루를 엮기도 했다

세상은 점점 눈높이를 밀어 올리며
긴 눈 맞춤은 사라져버렸다
땅에 닿던 눈높이가 허공을 딛고 오를수록
무심히 지나치거나 모른 척 밟고 다니는 것들이 늘어났다

휴가철 버려지는 애완견이 많다는 저녁 뉴스,
어두운 고속도로에 남겨두고 승용차들이 달아났다

창밖으로 던져버린 양심을 뒤따라 달리는 애완견
주인을 믿고 제자리를 맴돈다
불안한 숨소리 곁으로
아찔한 바퀴들이 질주하고 있다

찰나의 봄

봄 햇살이 점화되었다
산수유 노란 심지에서 옮겨 붙은
불똥 타다닥 개나리로 번지더니
훌쩍 뛰어올라 목련 촛대에 불을 당겼다

걷잡을 수 없이 터지는 봄
눈길 닿는 곳마다 불이 붙는다

순식간에 속내를 열어 보인
환한 꽃그늘 아래 문득 멈춘 발길들
홍역처럼, 혹은 가벼운 미열로
저마다 들뜬 봄을 앓는다

한나절 내린 봄비에 후두둑
짧은 생을 벗어 던지는 하얀 꽃잎
꽃의 시간법을 모르는 나는
너의 생을 그저 찰나라고 읽는다

봄꽃 밀어낸 자리
파릇한 잎의 시간이 돋아나고 있다

안개와 접속하다

본명 대신 아이디 혹은
무수한 익명이 떠도는 그곳
자욱한 혼돈 속에 각각 떠 있는 섬들은
누군가를 밀쳐버리는 손이 되거나
모함하는 입이 되기도 했다
형체를 알 수 없는 거대한 몸통
순식간에 번지는 어둠처럼 밀려오는 그들은
붙잡을 수도 막을 수도 없다

눈먼 그 영역에 갇히면
저절로 풀려날 때까지 기다려야 한다
익숙했던 방향을 상실하거나
불쑥 튀어나오는 것들과 충돌할 수도 있다
헬기 한 대가 도심의 고층 아파트에 부딪혀
조각이 났다는 뉴스를 접한 것도
안개 짙은 아침이었다

하늘로 올라 구름이 되지 못한 것

비가 되지 못한 무게가 강에서 기어 나와
숲이나 거리에서 몽롱하게 막아선다
경계가 지워진 도로 위
희미한 후미등 행렬이 끝없이 흘러가고 있다

눈동자

붉게 익은 가을이 휘어질 듯
감나무 가지 끝에 매달려 있다

무의식의 망막에 맺혀진
내 가장 오래된 가을은 언제일까
켜켜이 쌓인 낡은 인화지
기억의 지층 그 바닥까지 내려가본다
삶이란 눈동자 속에 저장된 것들이
끊임없이 재생되는 되돌이표

머리 위에 매달린 모빌의 버튼을 누르자
오르골 음악이 흘러나온다
조금 전까지 눈 맞추며 방긋거리던 아이는 지금
빙그르르 움직이는 나비를 쫓고 있다
아직 덜 여문 눈동자에 무엇을 저리 담고 있을까
날갯짓을 따라 움직이는 몸짓과 옹알이
먼 시간 속 낯익은 장면이 되살아나고 있다

휴대폰 동영상으로 다 담을 수 없는 이 순간이
내 눈동자 디카에 가득 담긴다

이름

나뭇가지 그물망에 걸린 가오리연
우듬지 끝 둥지까지 헤엄치려는 듯
연신 몸을 흔들고 있다
옷을 벗어버린 저 나무의 이름이 생각나지 않는다

늘 지나다니던 길목
제자리에 서 있는 수피들이 문득문득 낯설다
절정이던 봄이 흩어지고
잎이 무성해지면 익숙한 이름이 깜박 멀어진다

가을볕 잔뜩 머금은 단감
그 옆 모과나무 노랗게 가을을 걸어놓던 공간
담장 너머 학교 운동장처럼 텅 비어 있다
눈부시게 매달리던 수식어 다 떼어내고
시린 여백에 고스란히 드러난 잔가지
모두 제 이름을 지웠다

눈으로 봉인해버린 자리에

다시 돌아날 봄을 기다리며
겨울이 긴 무명의 시간을 건너고 있다

검은 눈물

햇살 눈부신 도심의 오후
점심을 마친 직장인들이 쏟아진다
다양한 일회용 컵들의 물결,
점심을 마무리하는 커피가 손에 들려 있다

길가에 늘어선 카페는 늘 붐빈다
에티오피아 콜롬비아 케냐 과테말라
메뉴판에 적힌 원산지 이름을 훑다보면
뜨거운 태양 아래 붉은 열매를 따 모으는
커피농장의 아이들이 떠오른다
이윤의 1퍼센트만 재배농가 손에 떨어진다는
커피 한 잔의 비밀은
넘치는 잡담과 소란스러운 웃음 속에 파묻힌다

대로변이나 골목 구석진 곳까지
어디서든 커피전문점이 발길을 붙든다
마니아들이 점점 늘어나는
중독성 강한 커피

그 진한 향기 한 모금을 머금은 도시는

무심한 얼굴로

검은 대륙의 땀과 눈물방울을 홀짝이고 있다

마음약방

희망수치가 내려가고 있다
잦은 우울감에 마음은 대부분 흐림이다
시청 시민청에 자리 잡은
나무로 만든 집 모양의 마음 치유 자판기
지친 마음에게 의자를 내민다
미래 막막증, 가족남남 신드롬, 노화자각증상 등
증상 확인 후 버튼을 누르면
다양한 처방전 상자가 친절한 답을 건넨다
추천 영화나 시, 그림, 힐링 명소를 안내한 테마 지도
공감 되는 글귀에 잠시 솔깃해진다
그중 인기 있는 꿈 소멸증은 자주 품절되어
지금 처방 중이라는 글귀가 뜨기도 한다
마음 데워주는 손난로처럼
선물용으로 몇 개 더 챙길 수 있다
무기력 무관심 무감동의 3무 시대,
얼마 전 청년세대를 위한 2호점도
대학로 한 귀퉁이에 문을 열었다
앓고 있는 마음에 상비약을 발라주는

마음약방은
지금 성업 중이다

휴(休)

나선형 계단이 구름까지 닿던
그 고층은 숲의 객들이 머물다 가는 곳이었다
나뭇잎 그늘과 햇살로 엮은 로열층 나뭇가지엔
날개 뻐근한 새들이 고단함을 접었다 가고
몸통에 늘어나는 구멍 객실엔 다람쥐나 벌레들이
장기투숙을 하기도 했다
일상의 무너짐은 한순간이다
곤한 휴식들 깃들어 있던 아름드리나무
쓰러진 몸통은 어디론가 실려 나가고
무성한 기억 납작하게 베어진 자리,
살아온 길 굽이굽이 말아 넣은
굵은 밑동이 작은 터로 남겨졌다
저 낮은 생 뿌리 묻고 있는 비탈진 산길
그 나무의 내력 치밀하게 기록된 그루터기에
숨찬 노년이 걸터앉는다
서로 기댄 풍경 하나 묵묵하게 깊어간다

제3부

후박나무를 받아 적다

눈길이 닿지 않는 먼 곳으로 가려고
뒤꿈치를 들어올리는 후박나무
툭툭 부엌의 작은 창을 두드린다
무슨 말을 하려고 이곳까지 숨 가쁘게 올라왔을까
나는 나무의 말을 받아 적으려고 마음을 연다
바람을 움켜쥐고 허공에 적는 저 언어들
몸을 흔들어 쓰는 필체가 출렁거림으로 가득하다
그동안 수없이 말을 걸어왔는데 나는 무심코 흘려버렸다
남쪽지방의 군락지가 고향인 후박나무
아무리 둘러보아도 혼자뿐이라고
타지에서 맘 붙일 곳 없다고 또 말을 걸어온다
저 외로운 춤은 여름이 다가도록 계속될 것이다
손 내밀어 만지면 내게 전해오는 숨소리
바람에 춤추는 나무의 이야기
울컥 푸른 잎맥 따라 읽혀진다

나이테를 풀다

그 숲 한 귀퉁이가 무너져 있다
뿌리만 남겨둔 채 떠난 여행
어디에 닿아 무엇으로 환생했는지 알 수 없다

평생 붙박이로 살았던 그 자리
나이테를 공유했던 몸통은 떠나고
낮게 베어진 자리
둥근 언어로 새겨진 기록만 남았다
빽빽한 간격으로 견뎌낸 추위와 단단하게 박힌 옹이로
치열했던 생의 밀도를 읽는다

LP판 한 장 올려놓은 턴테이블
흑백영화의 자막에 흘러내리던 빗물처럼
지직거리는 잡음마저 아련한 그 시간 속으로 감겨든다
오래된 레코드판이 풀어내는 무성한 계절의 노래
가지런한 동심원으로 번진 그루터기를 보며
묵묵하게 살아낸 연륜을 헤아려본다

큰 그늘 드리웠을 나무
남겨진 굵은 밑동에서 한 생애를 추적한다

안경점 스냅

통유리 가득 할로겐 불빛이 눈부시다
문을 밀고 들어선다
둥글거나 네모난 다양한 색과 모습들이
다리를 접고 진열대에 가지런히 누워 있다
콧등에 얹혀 바깥 구경도 하고
누군가의 맑은 눈이 되어줄 때를 기다리며

얼마 전 뉴스엔 곧 출시를 알리던
스마트안경이 선보이며 자랑을 늘어놓았다
언젠가 미래의 안경에게 마음마저 읽힐 것 같다
온갖 기능을 갖춘 최신형에 밀려
시간의 등 뒤로 사라지거나 골동품이 될지 모를
그들이 지금 투명하게 빛나고 있다

눈동자가 커져 보인다는 써클렌즈와
가벼운 뿔테 돋보기안경을 계산대 위에 얹었다
웅크린 안경이 기지개를 켜고 일어나 마치
제자리인 양 얼굴에 균형을 잡는다

얼굴 맞댄 딸아이가 눈 밝아진 기념으로
스냅사진 한 컷을 찍는다
내 눈이 업그레이드되었다
숨겨놓은 마음까지 다 읽어낼 수 있을 것이다

벽장의 시간

그 자궁 속에 웅크려 잠든 적이 있다
밖을 피해 기어들어간 어둠의 품이
나를 꼭 안아주었다
일곱 살을 찾느라고 소란스러운 바깥 따윈 잊고
까마득히 먼 잠에 빠져들었다
벽장문이 열리고 쏟아지던 환한 빛,
안도감에 끌어안겨 한나절이 무마되었다

시침을 떼고 있는 벽의 마음을 열면
버리지 못하고 감춰둔 것들이 쏟아진다
수시로 빛과 어둠이 들락거리는
나 역시 비밀스러운 벽장,
마음의 주머니마다 묵은 시간의 먼지가 쌓여 있고
눈을 피해 밀어 넣은 것들
눅눅한 잠에 잠겨 있다

갑작스런 비를 피해 뛰어든 밑동 굵은 느티나무,
가슴께 구멍이 뚫린 우묵한 벽장과 마주쳤다

얼마나 많은 목숨을 품고 있을까
묵묵히 내어준 빈자리가 고요하다

창

방충망이 울고 있다
건너편 숲에서 날아온
여름이 목청을 길게 뽑아댄다
그 소리를 받아 안은 방충망에 흐르는 진동,
저 맹렬한 파장이 내 심장을 두드린다
어느 한순간 풍경이 바뀌는 창
무성한 소음이 바람에 흔들리고
햇살이 끌고 온 나뭇잎 그림자가 천장에 일렁인다
창밖 흘러가는 뭉게구름이
갇혀 있는 나를 들여다본다
끊임없이 방문객이 찾아드는 창
아래층에서 올라오는 고기 굽는 냄새
피아노 연습곡이 창문을 두드린다
아파트 앞 동 맞은편 창가
한 사내가 천천히 담배를 피우고 사라진다
늘 반복되는 저 무언극
나이 든 여인이 그 베란다 창틀에 이불을 탁탁 털고 있다
내가 바라보는 이 창을 누군가는 또 바라볼 것이다

매미가 더 기세등등하게 울고 있다
오후 한 시가 조금 기울었다

부레옥잠을 띄우다

인사동 골목 고가구점 앞
돌확에 들어앉아
유유히 하늘을 베고 누워 있는 부레옥잠

흔들리는 수면을 딛고
제 몸의 무게는 주머니에 담고 있다
둥근 잎 아래
끊임없는 발돋움 하얗게 뿌리로 엉켜 있다

몰려오는 인파들
오염된 도시에서도 여전히 그는 초록빛이다
오가는 시선을 끌어당기며
잠시 지친 눈빛을 헹구어준다

여름 한나절 서늘하게 피워 올리는
보랏빛 이마 위에
노란 불꽃 무늬가 환하게 심지를 돋운다

수심을 가늠할 수 없는 혼탁한 마음 가운데
둥실 부레옥잠 몇 촉 띄워본다

낯선 풍경

쭉 늘어선 다양한 카페를 지나
부담 없는 패스트푸드점에 들어선다
군데군데 자리를 뜰 줄 모르는 노인들
마음에도 없는 콜라 한 잔
입맛 맞지 않는 햄버거를 앞에 놓고
혹은 오백 원짜리 아이스크림을 천천히 핥으며
무료하게 시간을 죽이고 있다
TV에서 보았던 맥도날드 할머니처럼
구석진 곳에 앉아 밤을 보내기도 하는
이들에게 수조 같은 통유리 공간은 안식처일까
햇살 눈부신 창밖의 거리엔
발랄한 연둣빛 물결이 출렁거린다
자릿값 만만한, 전혀 어울리지 않는 공간의
낯선 풍경 속에 붙박이 된 그들
고여 있는 시간 위로 주문을 외치는
알바생들의 목소리가 물수제비를 일으킨다
시끄러운 노래와 알 수 없는 랩은
노인의 귓가를 빠르게 스쳐간다

빠른 세대와 거리를 좁히려고
멀미나는 속도로 허둥지둥 쫓아간다
파고다 공원이나 종묘에서 빠져나온 노인들이
근처의 롯데리아나 던킨을 점령해가는
이 도시는 조금씩 늙어가고 있다

담벼락 장터

달리는 전철 안
곧 쫓겨날 불법 광고물이
빠른 손놀림으로 광고판에 꽂힌다
지하철 계단 입구에서 불쑥
들이밀던 전단지들이
보도에 뒹구는 낙엽처럼 밟히고 있다

몇 초짜리 강렬한 모니터 광고부터
거리의 흔한 광고지까지
어지러운 정보들이 넘치는 도시,
벽과 전신주에 슬그머니 붙여진 광고 스티커들
접착제의 얼룩이 흉터로 남았다

꾸역꾸역 밀어 넣은 열차만큼 붐비는
전철역 앞 목 좋은 벽면은
빼곡하게 끼어들 자리조차 없다
그 틈새를 뚫고 나오거나
몇 겹씩 덧붙여지는 치열한 경쟁판에서

굵게 확대된 글자들이
급매, 급구 저마다 숨 가쁘게 외쳐댄다

얼어붙은 계절은 풀리지 않고
비스듬한 오후가 담벼락 장터를 훑고 있다

마트에 핀 꽃

계절이 뒤섞였다
실물보다 화사하게
박제된 웃음을 띠고 멈춰버린 조화들
지루한 기다림을 들고
마트 코너에서 불빛에 시들어간다

뿌리가 거세된 불임의 그녀들
먼지 낀 이파리에 상표를 매달고 있다
입술 한번 적시지 못한 채
삶도 죽음도 아닌 건조한 날들
묶여 있는 시간의 태엽을 풀 수는 없을까

날마다 탈출을 기대하는 꽃들
이곳을 벗어나 식탁이나 벽에서 활짝 피고 싶다
정교하고 섬세한 손끝에서 피어난 색색의 꽃들
꽃의 유전자 한 점 들어 있지 않아
철을 따라가는 낙화도 없다

할 수 있는 건
오직 가격표를 달고
제자리에서 늙어가는 것이다

말리다

익어가던 속도를 멈추고
바람과 햇볕에 온몸을 맡긴다
제 안의 수분을 다 비워내 바스러질 듯
가벼워지는 한 묶음의 결실들
툇마루 기둥이나 처마 밑에 올망졸망 엮어진
시래기나 곶감 혹은 옥수수
긴 겨울나기와 이듬해 파종될 씨앗으로 말라간다

각종 먹거리들 건조시키면 영양분이 농축된다고
홈쇼핑의 식품 건조기에서
말린 고구마나 과일들이 튀어 나온다
타이머로 정해버린 그만큼
여분의 기다림은 생략된다

햇살에 고들고들 마르던
빛바랜 시간이 문득
위층 베란다에서 늘어뜨린 홑이불 끝자락에 걸려 있다
뒷마당 빨랫줄의 풀 먹인 홑청처럼

칼칼하게 말려야 할 것들
마음속 바지랑대 위에 펄럭인다

커피자판기

기다리는 열차는 아직 오지 않고
높은 지붕 사방 뚫려 있는 역내를
겨울바람이 통과하고 있다
곁에 있는 커피자판기에 다가선다
종이컵을 감싸 쥔 손바닥에 전해오는 온기
자판기 옆 휴지통엔 철로를 바라보던
한 모금의 기다림이 수북하다

늦은 시간
차창 밖엔 어둠이 몰려오고
전철역 자판기가 띄엄띄엄 스쳐간다
혼자인 남자가 씁쓸한 연애 한 잔을 마시고 돌아서는 순간
새롭게 다가온 연애가 달콤한 밀크커피를 뽑아간다
취향에 따라 무수한 손가락이 버튼을 누를 때마다
속의 것 데워 꺼내주던 고단한 일상,
하루 일과를 마친 커다란 몸집들이
덩그마니 빈 공간에서 졸고 있다

온갖 단맛과 쓴맛을 삼키며

종일 묵묵하게 제 속을 내어주던

비슷한 삶들이 꾸벅이며 열차에 실려 가고 있다

손의 기억

손가락 하나로
일상을 점령해버린 디지털 시대
마우스를 클릭하거나 스마트폰을 밀어 올리면
무엇이든 쉽게 튀어나온다
손의 노동은 줄어들고 느낌도 무뎌진다

촉감의 기억들이 저장된 손
평생 한 가지 고집스럽게 붙들고 살아온
달인이나 장인이라 불리는 이들
그 손끝이 빚어내는 솜씨는 현란하다
경지에 이른 손의 기억은 얼마나 촘촘하고 정교할까
노련한 손의 내력을 더듬어본다
숱한 상처를 디딘
치열한 시간의 지층이 뿌리 깊다

문득 들여다본 까칠한 손이 낯설다
아이들을 보듬어 키우고
오래된 것들을 닳도록 만져온

팔목과 손가락 관절이 자주 비명을 지른다
어느덧 손등엔 잎맥 같은 푸른 힘줄이 돋고
드문드문 갈색 꽃이 피어나는 계절
이젠 수시로
귓속을 떠도는 바람의 말을 받아 적는다

눈 내린 새벽

어둠을 쓸어내고 있다
창밖 나지막한 비질 소리

시나브로 내린 눈 하얗게 길을 지우고
쓰윽쓰윽 잠 깨우던 싸리비 소리
아버지의 구부린 등과 능선 위로 말갛게
밀려오던 아침, 문득
그 앞마당으로 내려선다

마당 한 바퀴 돌고 골목 어귀까지
빈틈없이 훑어가는 빗자루의 노동
밑바닥이 닳도록 지나간 자리엔
차마 밟기 주저되는 정갈한 길이 생겼다

어질러진 흙마당, 엉킨 마음에도
고른 결을 새기던
기억 속 싸리비 한 자루
밤새 내린 뜰의 눈을 싹싹 쓸어낸다

구불구불 멀리 온 길 위에
소리 없이 쌓이는 시간을 걷어내고 있다

모카신

당신이 빠져나간
웅덩이에 발을 들이미는 봄
그 바닥에 벚꽃 눈부신 한나절이
하얗게 흩어지고 있습니다
병원이나 노인복지관으로 어머니와 함께 다녔던 모카신
무심하게 흘려듣던 당신의 일상과 행적을
나보다 더 귀담아 들은 커다란 귀
뻥 뚫린 동굴이 고요히 깊기만 합니다
닳아버린 밑창만큼 멀리 끌고 온 길 끝에
당신을 놓쳐버린 신발이 우두커니 앉았습니다
그 경계를 넘을 수 없어 여전히
문밖에서 기다립니다
빛바랜 목련 꽃잎 깔창이 저만치 뒤집혀져 있습니다
꽃그늘 진 담벼락 모퉁이를
봄의 뒤꿈치가 서둘러 돌아갑니다

제4부

문 혹은 벽

건너편 여자가 눈썹을 그리고 있다
그 옆자리엔 이어폰을 꽂은 채
스마트폰에 몰두한 남자
같은 시각 한 공간에 놓인 타인들이
제각기 삶의 한 지점을 통과하고 있다
창밖 풍경을 밀어내며 열차는
어둠 속으로 미끄러진다
마주 겹쳐지는 순간 활짝 열린 안과 밖
왈칵 한 무리를 쏟아내는 환승역
짧은 만남이 스쳐가고
닫힌 바깥문은 다시 투명한 벽이 된다
자칫 헛디디는 생을 붙들어주는 방어벽
눈높이에서 스크린 도어가 시 한 편을 건넨다
목적지로 데려다줄 문을 기다리며
열림의 순간을 기다리는 사람들이 벽 앞에 서 있다

설악(雪岳)

구불구불 벼랑 위 산길
덜컹거리며 달리던 버스 종점엔
잣나무 숲에 안겨 있는 마을이 있었다

설악면 그 작은 동네의 방 한 칸
나는 딴 세상에 세 들었다
부임 첫날 안개 피어오르는 개울로 나가 얼굴을 씻을 때
맑고 청정한 개울물 소리에 이가 시렸다
그 후로 새벽은 내게 설렘이라는 말로 다가왔다

시간은 느리게 개울을 건너 다녔다
여물기 시작한 초가을이 몰려온 바람에 넘어졌다
종일 쓰러진 벼를 세우던 아이들
풀과 이삭도 구별 못하는
촌스러운 새내기 담임마저 소매를 걷어붙였다

설악이 건네준 커다란 상자를 안고
간신히 버스에 올랐다

밤톨 같은 아이들이 주워 담아준
밤 한 움큼씩 쪄먹으며 지낸 그해 겨울
문득 자욱한 눈송이로 내려온다

하얀 맨발로 눈밭을 걸어오는 바람을 만난
설악의 첫 겨울은
손등에 눈을 얹은 것처럼 기억이 시리다

포구 바닥

깊은 바다를 훑던 그물,
갓 출하된 기운이 어시장 바닥에서 퍼덕인다
끌려온 바다는 손가락 암호로 값이 결정되고
스티로폼 상자마다 경매된 바다가 출렁인다
무릎 앞에 놓인 올망졸망한 바다들
뽀글뽀글 물방울로 올라온다

포구에서 늙은 노인
짭조름한 해풍을 말아 국수 한 그릇 빈속에 밀어넣는다
지금은 해감의 시간,
출항한 배를 기다리다 붙박이가 된 노파도
잠시 가쁜 숨을 고른다

오래 붙들고 살아온 바다은
악착같이 버티는 이들에게 자리를 내어준다
그날 팔아치워야 할 하루가 바닥날 때까지
노인은 젖은 바닥에 앉아 축축할 것이다

차곡차곡 접힌 바다를 펼쳐놓은 난전,
고무함지를 넘어온 낙지가 빨판으로 바닥을 붙들고
소금기 절은 바닥들이 저마다 목청을 높인다

두 얼굴의 봄

봄은 상처다
가장 환한 낯빛을 띠고
무심하게 다 들추어내는 봄 햇살

빈 박스 꾹꾹 눌러 실은 리어카를 끌고
담벼락 돌아가는 구부정한 등 위로
헛디딘 봄볕이 미끄러진다

꽃무늬 치마 날아갈 듯
계단을 오르내리는 육교 아래,
과일 트럭 위 플라스틱 바구니마다
소복하게 쌓아놓은 한 가장의 하루가
먼지바람에 뿌옇게 흐려진다

섬진강 매화, 지리산 산수유, 진해 벚꽃
전철역 철로변 현수막에는
부풀어 오른 남쪽의 꽃소식이 펄럭이고
내게 또 봄 한 장을 내민다

열렸다 닫히는 스크린 도어 너머
두 얼굴의 봄이 스쳐가고 있다

어깨를 빌리다

분주한 아침이 빠져나간 자리
앙상한 어깨들이 남았다

후줄근하게 늘어지는 남편을 받아주는
안방 스탠드옷걸이엔 게슴츠레한 졸음이 걸려 있다
장롱 속 일렬로 감금된 계절들
모두 제 철을 기다리고 있다

외출 전 거울 앞에서 몇 번씩 허물 벗는 딸
방바닥에 흩어진 원피스와 재킷을 받쳐 입은
행거 옷걸이들 모두 치맛자락을 붙들고 외출을 서두른다

베란다에는 젖은 옷을 걸친 하얀 뼈대들
온 가족을 베껴 입고
빨래 건조대에서 볕 바라기 한다
구부린 목으로 허공을 붙들고
타인을 걸친 한 생이
묵묵하게 휜 어깨를 내준다

나 역시 누군가의 어깨를 빌려서 살고 있다

창밖, 남아 있던 가을 털어낸 나뭇가지
홀홀 빈 어깨로 서 있다

그네의 내력

그네는 점점 난폭해진다
한낮의 웃음이 앉았던 자리에 밤새
끽연을 태우고 흔들거렸다
정체를 알 수 없는 어둠은 가래침으로
바닥에 내려앉고 폭언으로 그넷줄을 빙빙 꼬았다
이곳은 어느 날 밤 사건의 진원지였다

방치된 시간에 매달려 있던 아이들은 일찌감치
이곳에서 기다림을 배우며 불행을 답습했다
흔들의자가 되어주지 못한 세상은
가차 없이 그 등을 떠밀었다
언젠가 땅으로 떨어진 선명한 울음소리와
바닥에 찍힌 핏자국,
누군가 자칫 균형을 잃으면 그네는 오싹해진다

이쪽과 저쪽으로 그네가 오가는 동안
아이들의 뼈는 성급하게 여물었다
어긋난 길을 수없이 걸어온

그들은 이미 흔들림에 익숙해 있다
자신의 반경을 벗어나고 싶어
그네의 무릎이 삐걱거린다

어느 봄날에

햇살 가득 풀어진
봄날 오후
길가 트럭 위 올망졸망 펼쳐진 봄꽃들
바람이 파르르 간질이고 간다

봄빛 한 줌 내 안에 옮겨놓는다

봄은 왔어도
계절을 잊은 허물어진 어느 곳
누군가의 멎어버린 시간 속에도
저 봄빛 한 줌 또
보내고 싶다

가을볕

출렁거리는 바람 사이
맑은 얼굴로 떠 있는 코스모스
환하게 가을볕에 잠겨 있다
평상이나 길가에 펼쳐진
고구마줄기, 고추, 호박오가리에
햇살 깊이 스며든다
밤의 길이가 차츰 늘어나는
내 인생의 추분
빛의 걸음이 빨라진다
뒤집어진 모래시계처럼
얼마 남지 않은 시간들
계절의 꼬리가 짧아지고 있다
꼬들꼬들 말라가는 가을볕
눅진한 것들 속속들이 말리고 싶다
저물기 전 한껏 볕 바라기 해야겠다

종이의 나라

등 굽은 새벽이
낡은 손수레에 쌓아 올린 묵직한 산을 끌고 간다
어느 날 악몽을 꾼 나무들이
두꺼운 종이상자로 변신해 차곡차곡 포개진다

소비를 즐기는 도시는 끊임없이 포장을 벗겨낸다
택배는 쌓이고
박스의 접힌 각이 풀리고 모서리가 무너진다
바깥으로 밀려나 독거노인과 한 묶음이 된다

종이의 나라
그들만의 거래처는 치열하게 움켜쥔 밥줄이다
구역은 쉽게 얻을 수도 없고 내주지도 않는다는 게
그들 사이의 불문율,
땀 한 되에 60원을 쳐준다는 종이박스는
앞다투어 수거된다

어둠이 가시지 않은 거리로

고단한 노구를 밀어내는 도시
시장골목과 상가를 돌아온 새벽이
도로를 대각선으로 가로지른다
저 아찔함, 다급한 클랙슨이 바퀴를 밀어붙인다

발품을 팔아 엮은 오늘의 노동이 기우뚱거린다

조개

어두운 쪽방에 웅크린 채
들숨날숨 짠물을 들이켜고 뱉어냈다
궁금한 바깥을 향해 간혹
살그머니 발 하나 내밀기도 했지만
온전히 집 밖을 나서지는 못했다

안쪽의 둥글게 파인 귀에는
늘 뒤척이는 바다가 출렁거렸다
쉴 새 없이 쓸어주는 물결에 잠겨
바다를 기록하던 날들
밀물 썰물 잡아당기며 순환하던 달은
껍데기에 줄무늬 나이테를 새겨 주었다

뽀글뽀글 내쉰 숨
들켜버린 갯벌 구멍은 이내 무심하게 지워졌다

비밀처럼 닫혀 있던 완강한 입들이
어시장 난전에 무더기로 쌓였다

노련하게 파고든 칼집에
드러난 맨몸은 비릿한 갯내를 토해냈다
품고 온 바다로 흥건해진 바닥에
입 벌린 빈 무덤들 수북 솟아올랐다

목요통신

잠시 앉았다 털고 일어서는 봄,
꽃잎 날리는 천변을 걷는다

먼 타국 하늘을 건너
목요일이면 걸려오던 전화
수화기 너머 통통 튀는 목소리는
가벼운 새처럼 포로롱 날아왔다
굳어버린 잠을 깨고 풀려나오는 기억,
넘실거리며 흘러오던 그 강물이 멈추었다

지난가을 수없이 넘나들던 그 하늘이
지금 저 바닥에 가라앉았다
곧 다시 오겠지 몇 계절을 흘려보내도
반짝이는 은빛 물결은 도착하지 않았다
결번인 전화와 열어보지 않는 메일
나는 오늘도 그녀의 부재를 확인한다

우리의 목요통신은 아직 유효기간이라고

어디선가 저 봄꽃만큼 환하게 피어 있을 거라고
바람결에 흩어지는 분홍 꽃잎
물 위에 편지 한 장 흘려 쓰고 있다

위험한 자물쇠

로그인을 한다
차단된 입구에 암호가 걸려 있다
깜박 열쇠를 잃어버리면
번거로운 인증과정을 거쳐야 한다
보이지 않는 숱한 자물쇠들이 여기저기
녹슨 채로 방치되기도 한다

때로는 누군가 남의 열쇠를 따고 들어가
개인적인 비밀을 캐기도 한다
굳게 닫힌 영역을 호시탐탐 노리는
검은 손들이 내내 불안하다

바깥으로 갇혀버리기도 하는
위험한 잠금장치 문득문득
깜박거리는 기억력으로 긴장한다

닫으면 저절로 잠기는 현관문
자칫 망각이 엉뚱한 번호를 누르면

주인도 몰라보고 냉정하게 거부한다
가족 모두 외출한 오후,
삑삑거리는 번호키를 되풀이해서 더듬는
앞집 노인의 손놀림이 서툴다

기억의 고리에 걸려 있는
묵직한 자물쇠의 시간이 아득하다

흔적

눈꽃 간간이 피었다 지는
빈 나뭇가지 끝
마른 잎 고치들이
허공에 매달려 겨울잠을 잔다
한껏 휘어졌던 감나무도
붉은 가을이 남겨놓은
꼭지들로 그해의 마침표를 찍었다

지난 계절이 환했던 자리
미처 떠나지 못하고 머뭇거리는
발목이 시리다
겨울눈으로 봉인된 잔가지들
차마 떨구지 못한 생의 바깥을 붙들고
매서운 바람을 맞고 있다

발등엔 축축한 낙엽 빛바랜
기억의 잔해를 헤치고
얼어붙은 날들을 건너간다

이쪽과 저쪽의 틈새에 낀
시들어버린 시간이 풍화되는 중이다

안녕, 낯선 사람

홍대 근처 어느 빈티지한 골목길
카페 앞 은빛 자전거 가을볕에 눈부시다
그늘이 내려앉은 벤치를 지나는데
'안녕, 낯선 사람'
낯선 간판 하나가 낯선 나에게 말을 걸어온다
낯설다는 건 이곳과 저곳 사이의 거리가 멀다는 것
그 거리를 좁히기 위해 카페 문을 밀고 들어선다
낯섦 속으로 들어가 의자에 앉는 순간
나는 더 이상 낯선 사람이 아니다
둘씩 셋씩 짝을 지어 앉아 있는 사람들
저들도 낯설음을 지우기 위해
이곳에서 커피 향에 마음을 녹이고 있다
어쩌면 철저하게 계산된 상술
당돌하지만 붙임성 있는 인사말에 끌려
또 낯선 사내 하나가 문을 열고 들어와 두리번거린다

해설

망설임의 시적 가치; 주체의 존재 확립을 위하여

백인덕 시인

1.

시적 주체는 화자와 어떻게 다른가? '무엇'이 아니고 '어떻게'라는 질문의 방향에 주목해야 한다. 사실 주체나 화자가 작품(text) 표면에서 수행하는 역할은 거의 동일하다. 어조와 거리를 통해 태도를 결정하고, 그에 따라 작품의 전반적인 분위기를 형성한다. 그럼에도 불구하고, 차이는 엄연히 존재한다. 철학용어냐 심리학에서 차용했느냐를 따지는 것은 우스갯소리에 지나지 않는다. 문제는 화자가 '자극'(그것이 외계/내계 어디에서 촉발되었는가의 여부에 관계없이)보다 '반응'에 주목했을 때 더 유용하다는 것이다. 다시 말해, 작품의 의미가 화자에게로 재귀(再歸)한다는 특징을 지닌다. 반면 주체는 그 성립의 필수조건으로 '타자'에 주목하게 된다. 바꿔 말하면, 주체 자체가 아니라

'주체-타자'의 '관계 방식'이 모든 해석의 기준이 된다는 것이다. 따라서 존재성을 확인하는 데 적절한 방식이라 할 수 있다.

김양아 시인의 이번 시집, 『뒷북을 쳤다』는 시적 주체로서 자기를 확립하려는 '존재성'의 문제에 대한 천착, 최소한 그 고민을 거의 전편에 걸쳐 담아내고 있다. 경로를 슬며시 우회하기보다 표제작을 통해 이 사정을 단번에 확인하기로 한다.

뚝 앞다리가 꺾였다
방심이 털썩 걸터앉는 순간
엉덩이를 바닥으로 내동댕이쳤다
내가 내지른 비명 소리에 그의 비명은 묻혀버렸다

늘상 몸을 맡겼던 식탁의자
그토록 태연하던 그가 뒷북을 쳤다
제 몸에 보이지 않게 실금을 그으며
어느 날의 반란을 키우고 있었다
그의 능청스러운 음모에 앉아 밥을 먹고 차를 마시는 동안
이 지긋지긋한 무게를 언제 던져버릴까 궁리하고 있었다
그가 서서히 무너지는 동안
삐걱대는 통증을 깔고 앉아 나는 미각을 즐겼다

제 다리를 부러뜨리지 않고는 길이 없다는 것을 알고
내 뒤통수를 힘껏 후려쳤다

자해였다

　　　　　　　　　　—「뒷북」 전문

　인용 작품의 시적 진술은 명백하게 '주체–객체'의 상태에서 시작된다. 대체로 우리가 사물을 대하는 방식은 그 이용에 따라 명명(命名)하고, 지어진 이름에 맞춰 습관적으로 처리한다. 여기에는 '관계나 타자'와 같은 개념이 개입할 틈이 없다. 1연의 마지막 행, "내가 내지른 비명소리에 그의 비명은 묻혀버"리는 상황이 이러한 상황을 극적으로 암시한다. 시의 진행은, 나의 습관적 반복 → 그의 숨겨진 반란 → 자해로 이어진다. "제 다리를 부러뜨리지 않고는 길이 없다는 것"을 알고 '자해'를 감행한 것이 '식탁의자'이지만, '내동댕이'처진 엉덩이를 통해, 그 자해의 의미를 올바르게 깨닫기 시작한 것은 '나', 최소한 이 사태의 주인이라고 믿었던 시인이다. 여기서 '뒷북'은 이중의 의미를 갖게 된다. 처음은 '식탁의자'가 감행한 제 앞다리를 꺾어버린 반란, 자해를 직접적으로 지시하지만, 내포적 의미 층위에서는 사물(혹은 대상)과 관계 맺기에 실패한 시인 자신의 '뒷북'인 것이다. 좀 비약하면, 시작이야말로 시인의 '존재성'에 대자각의 뒷북, 그 곤란을 해결하려는 과정이었다고 유추할 수도 있다.

　이번 시집의 수록 작품들을 일독했을 때, 간과(看過)할 수 없는 특징 하나가 드러난다. 1부만 살펴보더라도, 수록 작품 15편 중에 「사과의 내부」, 「시간의 집」 등 다섯 편을 제외한 전부가

「돌담」처럼 명사거나 「두부 한 모」 형태의 관형적 명사라는 사실이다. (시집 전체를 일별해도, 「안개와 접속하다」, 「후박나무를 받아적다」, 「부레옥잠을 띄우다」, 「어깨를 빌리다」 등 네 편만 동사, 형용사형 동사일 뿐이다.) 명사는 사실 제일 중요하다. 그것은 우리가 세계를 파악하게 하는 색인(索引)이고, 우리가 차이를 인식할 수 있도록 안내하는 이정표이기 때문이다. 그래서 시인이란 결국 '이름 짓는 자'라는 극단적 정의까지 가능했던 것이다. 하지만 '의미'를 발생시킨다는 점 이외에 여러 한계가 작용하는 것 또한 숨길 수 없는 사실이다. 그것은 다양한 '사태/사건'을 의미 너머로 확산하는 데는 여전히 힘이 부치기 때문이다.

 사설이 길었지만, 김양아 시인은 이 '명사'의 힘을 기반으로 그의 시세계를 확장하면서, 주체로서의 시적 자아를 확립하려 기도하는 것 같다. 이번 시집의 최종 전략이 이런 방법론적 검토가 아니었을까 한다. 그 첫 단계는 '선택과 결정'에 대한 일종의 '망설임', '지연/유보'를 통한 자기 정체성의 보존이라는 반동적 욕망을 고백하는 데서 찾아볼 수 있다.

> 오늘도 내 앞에 덩그맣게 놓인 과제는
> 선택과 결정을 요구한다
> 넓적하게 잘라 지지거나 조려야 할지
> 작게 썰어 찌개에 넣고 끓일지

사소한 두부 한 덩이를 내려다보면서
　　나는 또 잠시 망설이고 있다
　　　　　　　　　　　　　　—「두부 한 모」 부분

　사소한 행위들이 삶을 구성한다. 바꿔 말하면 삶에 사소하지 않은 일도 없다. 시인은 "갓 나온 따끈한 두부" 한 모를 도마 위에 올려놓고 '망설이고' 있다. 지지거나 졸이거나 끓이거나 식감은 변할지 몰라도 두부의 본질이 변할 리 만무하지만, 오늘도 망설인다. 이 망설임의 실체, 아니 '과제'는 2연에서 직접적으로 드러난다. "삶은 대체로 그랬다/내 몫으로 주어진 무언가를/깨지지 않게 조심해서 완성해야 했다"는 것인데, 결국 '대상'이 아니라 '방법'이 문제였다는 것을 가감 없이 토로(吐露)하고 있다. '망설임'이란 결국 '사건/사태'에 대한 직접적 개입을 '자제/지연'하면서 세계에 대한 나의 대응방식을 탐색하는 것이라 할 수 있는데, 몇 편의 작품은 이에 대한 수월한 이미지, 혹은 시적 형상화를 통한 시인의 저력을 보여준다.

　　어둠에 길들여진 눈은 자줏빛이다
　　목이 풀린 새순들 싱싱한 공기에 혀를 댄다 고인 말이 터
　　져나온다
　　간절한 집중,

> 물컵에 얹어 부엌 창가로 이동한 고구마 하나,
> 행간을 건너는
> 저 여생을 정독한다
>
> ―「위험한 집」 부분

주지의 사실이지만, '행간'은 의미의 바다다. 무엇을 어떻게 읽어낼 것인가는 온전히 그 바다의 항해자의 몫이다. 이 작품에 주목하게 되는 것은 '선택과 결정'에서 '간절한 집중'으로 시인의 자세가 변모되었기 때문이다. 물컵의 고구마 하나가 뿌리를 뻗는 사태를 지켜보며 시인은 부지불식간에 자기 인식의 한 귀퉁이를 허문다. 그러나 아직은 여기까지다. '정독'하고 있기 때문이다. 정독은 바람직한 것이기는 하지만, 결국은 허공을 건너가는 '고구마'의 '말'일 뿐이다. 하지만 시인은 이내 다른 작품에서 "바람의 무게도 싣지 않는 가벼운 건축법을 생각한다."(「허공의 건축법」)고 술회하게 된다. '정독 → 생각'으로의 변화는 실제로는 다양한 의미와 층위를 함축한다.

2.

김양아 시인의 이번 시집에서 미덕으로 꼽을 수 있는 또 하나의 특징이라면, 수월한 감각적 이미지 형성에 성공하고 있다는 점이다. 이미지를 모든 시의 근간이라고 주장하지도 않고, 수월한 이미지 하나가 시적 성취를 보장한다고 믿지도 않는 필자지만, 세간의 이런저런 이유로 이미지에 대한 고려가 쇠퇴한 현 상황에서 '참신한 감각적 이미지'를 성취할 수 있었다면, 그것은 미덕 이상일지도 모른다. 가령, "감겨진 햇살 다 풀어낸/빈 실패 하나 야윈 뼈로 남았다"(「사과의 내부」)나 "뽀글뽀글 내쉰 숨/들켜버린 갯벌 구멍은 이내 무심하게 지워졌다"(「조개」)와 같은 표현이 그것이다. 이미지는 설명하지 않는다. 그렇다고 직접 인화(印畫)한 것도 아니다. 이 두 명제 사이에서 새로운 이미지가 태어날 것이다. 다 먹어버린 사과를 '빈 실패'로 은유하고, 포획된 조개를 '들켜버린 갯벌 구멍'으로 대체했다. 이번 시집의 가치는 이런 측면에서도 선명하게 드러난다.

시적 주체가 '존재성'을 확립하거나 드러내는 데 있어 여전히 두 개의 함정이 도사리고 있다. 하나는 자기의 주체성을 지나치게 강조한 결과 타자(대상, 객체)를 이름만 바꾼 채 여전히 종속적인 관계로 대응하는 것이다. 다른 하나는 타자에게 관심과 노력을 집중한다는 방법의 결과로 자기가 결국 대상에 동화되어 버리거나 지나친 감정이입으로 거리 형성에 실패하게 되는 경우이다.

김양아 시인은 이 두 함정을 우회하거나 뛰어넘으면서 시세계를 주체적으로 형성하려는 의지의 일단을 보여준다.

거북이 등짝 같은 가방 하나

지열 후끈한 땅에 납작하게 엎드렸다
여름 한낮의 땡볕 아래 아이의 호기심이
자동차 바닥 그늘에 숨은 고양이를 부른다

쪼그려 앉아 들여다볼 일이 많았던 그때,
구름은 느리게 흘러갔다
과자 부스러기를 물고 가는 개미떼의 속도로
한나절을 보내기도 하고
풀밭에 무리 지은 토끼풀로 하루를 엮기도 했다

세상은 점점 눈높이를 밀어 올리며
긴 눈 맞춤은 사라져버렸다
땅에 닿던 눈높이가 허공을 딛고 오를수록
무심히 지나치거나 모른 척 밟고 다니는 것들이 늘어났다

휴가철 버려지는 애완견이 많다는 저녁 뉴스,
어두운 고속도로에 남겨두고 승용차들이 달아났다
창밖으로 던져버린 양심을 뒤따라 달리는 애완견
주인을 믿고 제자리를 맴돈다
불안한 숨소리 곁으로
아찔한 바퀴들이 질주하고 있다

　　　　　　　　　　　　　―「개미떼의 속도」 전문

인용 작품은 제목부터 반어(反語)적이다. '개미떼의 속도'라니, 굳이 과학적 사실을 언급하자면 지구상에 존재하는 개미는 대체로 인간의 몸 정도로 환원했을 때, 시속 30km 이상으로 질주하고, 제 몸무게의 10배 이상을 들며, 제 키의 11배 이상을 뛰어오를 수 있다고 한다. 그렇다면, 이 시는 잘못된 사실을 말하는가? 아니다. 시인이 말하고자 하는 바의 진심은 2연에 있다. "과자 부스러기를 물고 가는 개미떼의 속도로/한나절을 보내기도 하고"라는 부분을 보라. '개미떼의 속도'란 예의 빠름과 더딤의 중의적 표현으로 읽힌다. 또한 납작하게 엎드린 아이와 끝없이 허공을 딛고 올라가는 눈높이의 대조가 오늘날 우리의 상황을 유비한다. 시인은 '사건/사태'에 대해 발언하기 시작함을 볼 수 있다. "휴가철 버려지는 애완견이 많다는 저녁 뉴스"로 시작하는 이 참담한 현실에 대한 진술은, 시적으로 환원하자면 모든 타자와의 관계에서 오직 발화하는 나만 중요했다는 무의식적 빙판에 얼음 깨지는 소리로 들린다. 윤리나 양심의 문제를 넘어 미학은 이 모든 사태의 원인에 대한 판단을 요구한다. 시를 쓴다는 것은 결국 어떤 가치를 숭상(崇尙)하는 것이고 그것을 현실화하기 위해 고군분투하는 것이다. 시인은 이쯤에 이르러 주체로서 자기 확립의 필요성을 여실히 보여준다. 이 작품은 앞의 "깨지지 않게 조심해야 했다"던 삶의 형상들을 기억의 그림자로 몰아붙이기 때문이다.

이번 시집 『뒷북을 쳤다』를 통해 김양아 시인이 기획, 실행했던 시작의 경로 전체와 그 의미를 파악하기에는 역부족이지만, 암호처럼 숨겨놓은 작품들을 통해 그 경로를 유추적으로(잠정적으로) 확인해볼 수는 있다.

> 쉬지 않고 돌아가는 고속터미널 군데군데
> 정지화면으로 멈춰 있는 풍경들,
> 버스 차창 너머 애틋한 이별 혹은 설레는 만남이
> 카운트다운을 하고 있다
>
> 정확하게 초를 다투는 출발은
> 어떠한 변명도 기다려주지 않는다
> 주변의 패스트푸드점이나 간편한 음식점은 만원이다
> 급하게 김밥으로 끼니를 때운 한 사내가
> 쫓기듯 장착된 속도에 올라탄다
> ―「고속터미널」 부분
>
> 덜컹이는 창,
> X자 모양으로 혹은
> 눈꽃무늬로 테이프가 부적인 양 붙여졌다
> 꼭꼭 입을 다문 창문들
> 이 유리도시의 고층은 태풍과 천적이다
> 밀폐된 공간 속에서 불안은 팽창 중이다

재개발지역 담벼락에
붉은 페인트로 적힌 X자를 본 적이 있다
출 입 금 지
X라는 표시는 단호했으므로
아무도 그곳에 들어가지 못했다

저 X자를 보고 바람은 되돌아갈까
지금 이 도시로 몰려오는 강풍을
수많은 X자로 밀어내는 유리창들
기습적인 바람 앞에 파열음을 내던 기억이 남아 있다
—「X」 부분

먼저 시인의 시선이 멈춘 곳은 '만남과 헤어짐'이 일상사인 '고속터미널'이었다. 시인은 거기서 '쉬지 않고 돌아가는' 시공이라는 배경보다 '정지화면'처럼 작동하는 '이별–만남'의 사건을 본다. 우리가 진공에 내던져진 존재가 아니라는 상식에 의지할 때, '사태/사건'은 삶을 증명하는 최고의 요건이 된다. 그 눈이 '어떠한 변명'도 기다려주지 않는 현대사회의 비정함을 비판적으로 응시하는지, '장착된 속도'에 올라타야 하는 비장한 '삶'에 집중하는지는 사실 중요하지 않다. 시인은 일단 목도(目睹)하며 종국에는 그 어떤 느낌을 내면화할 것이라는 믿음이 중요하다.

이 글에서는 김양아 시인의 기억 문제를 다루지 않았지만, 현명한 독자들이 작품을 통해 느끼고, 이해하고, 판단하시리라 믿는다. 시인은 어쩌면 스스로 사소했다고 판단했을지도 모르는 "이쪽과 저쪽으로 그네가 오가는 동안/아이들의 뼈는 성급하게 여물었다"(「그네의 내력」)는 체험과 기억의 내용을 굳이 강조하려 하지 않는다. 대신 'X'에 대한 작품을 통해 보여주고 발언한다. 주지의 사실이지만 영문 X는 '알 수 없음', '정체 미확인'의 의미다. 하지만 시인은 이 정체불명의 표지를 가져와, 다르게 말하면 죽은 상징을 가져다 살아 있는 이미지로 만든다. 재개발지역의 X나 태풍 앞에 고층 건물들이 애써 그린 X, 모두 금지의 표지이지만, 그것의 심리적 반응은 전혀 달라질 수 있다. '선택과 결정'처럼 '금지와 허가'란 결국, 자기 주체성에 대한 끝없는 고민과 탐색의 결과가 아닌가 한다.

이 글의 앞으로 돌아가, 「뒷북」을 다시 읽는다면, "늘상 몸을 맡겼던 식탁의자/그토록 태연하던 그" 그 관계가 과연 '주체-타자'의 관계인지 되물어야 한다. 주체의 존재성이란 '함께 있음'을 자각할 때 비롯된다. '식탁의자'의 다리도 다리이므로 가끔은 만져주고 살펴보았어야 했을 것이다. 하지만, 결국 이 사건이 김양아 시인의 시적 주체를 가다듬는 계기가 되었으니, 우리의 '삶과 시작'이 어쩌면 비약(飛躍)의 연속일 거라 믿기로 하자.

이 도서의 국립중앙도서관 출판시도서목록(CIP)은 서지정보유통지원시스템 홈페이지 (http://seoji.nl.go.kr)와 국가자료공동목록시스템(http://www.nl.go.kr/kolisnet)에서 이용하실 수 있습니다.(CIP제어번호: CIP2016011996)

문학의전당 시인선 225

뒷북을 쳤다

ⓒ 김양아

초판 1쇄 인쇄 2016년 5월 16일
초판 1쇄 발행 2016년 5월 23일

지은이	김양아
펴낸이	고영
책임편집	류미야
디자인	헤이존
펴낸곳	문학의전당
출판등록	제311-2012-000043호
주소	서울시 은평구 연서로11길 7-5 401호
편집실	서울시 마포구 마포대로 127, 413호(공덕동, 풍림VIP빌딩)
전화	02-852-1977
팩스	02-852-1978
블로그	http://blog.naver.com/mhjd2003
전자우편	sbpoem@naver.com

ISBN 979-11-5896-258-6 03810

*이 책의 판권은 지은이와 문학의전당에 있습니다.
*양측의 서면 동의 없는 무단 전재 및 복제를 금합니다.
*잘못 만들어진 책은 바꿔드립니다.